CATALOGUE

D'ESTAMPES ANCIENNES

PRINCIPALEMENT DE L'ÉCOLE FRANÇAISE DU XVIIIe SIÈCLE

PAR ET D'APRÈS

BAUDOIN, BOUCHER, CHARDIN, FRAGONARD
FREUDEBERG, GREUZE, LANCRET, LAVREINCE, MOREAU, SAINT-AUBIN
DEBUCOURT, JANINET, WATTEAU, ETC.

PORTRAITS

ET GRAVURES DIVERSES EN LOTS

Dont la vente aux enchères publiques aura lieu

HOTEL DES COMMISSAIRES-PRISEURS, RUE DROUOT, N° 5

SALLE N° 4

Les Lundi 12, Mardi 13 et Mercredi 14 Mai

A UNE HEURE ET DEMIE PRÉCISES

Par le ministère de Me **MAURICE DELESTRE**, Commissaire-Priseur,
27, rue Drouot,

Assisté de **M. CLEMENT**, Marchand d'Estampes de la Bibliothèque Nationale,
rue des Saints-Pères, 3.

EXPOSITION PUBLIQUE

Le Dimanche 11 mai 1879

DE DEUX HEURES A CINQ HEURES

PARIS. — 1876

CONDITIONS DE LA VENTE

Elle sera faite au comptant.

Les adjudicataires payeront *cinq pour cent* en sus des enchères.

L'Expert chargé de la vente, se réserve la faculté de rassembler ou de diviser les lots.

ORDRE DES VACATIONS

Lundi	**12 Mai.**	— Numéros..............	1 à 179
—	—	— Estampes en lots.	
Mardi	**13 Mai.**	— Numéros..............	180 à 422
Mercredi	**14 Mai.**	— Numéros..............	423 à la fin.

Paris. — Typ. Pillet et Dumoulin, 5, rue des Grands-Augustins.

DÉSIGNATION

PORTRAITS

AUDINET (P.)

1 — *Angoulême* (Marie-Thérèse-Charlotte de France, duchesse d'). — *Artois* (Charles-Philippe de France, comte d'). Deux portraits in-fol., d'après Danloux.

Belles épreuves.

AUDRAN, COSSIN, DREVET, etc.

2 — *Secousse* (Robert). — *Fénelon* (F. de Salignac de La Mothe). *Conrart* (Valentin). — *Boileau-Despréaux* (Nicolas). — *Broue* (Pierre de la), etc. Six portraits in-folio, d'après différents peintres.

BALÉCHOU (J.-J.)

3 — *Brühl* (Henri, comte de), d'après L. de Sylvestre. In-folio.

Belle épreuve.

BARON et WALKER

4 — La famille du comte de *Pembroke*. — Sir Balthazar *Gerbier* et sa famille. Deux pièces gravées d'après Van Dyck.

Belles épreuves.

BARY

5 — *La Vallière* (Louise-Françoise de la Baume Le Blanc, duchesse de). In-folio.

Très-belle épreuve, avec marge.

BEAUVARLET (J.-F.)

6 — Du Barry (Mme la comtesse), en costume de chasse, d'après Drouais. In-folio.

Superbe épreuve avant la lettre, avec toute sa marge, de la plus grande fraîcheur. Très-rare en aussi belle condition.

BEAUVARLET, DOSSIER, CARMONA, etc.

7 — Les enfants du comte d'*Artois*. — Mme de *Vallière*. — *Collin de Vermont* (Hyacinthe). — *Boucher* (F.), etc. Sept portraits in-fol. d'après différents peintres

BOYDELL et GREEN

8 — *Charles Ier*, roi d'Angleterre. — Henri *Danvers*, comte de *Danby*. — G. Gordon, second marquis de *Huntly*. — Sir Thomas *Wharton*. Quatre portraits in fol. en pied d'après Van Dyck.

Belles épreuves.

CARS (L.)

9 — *D'Hozier* (Pierre), généalogiste de France. In-fol.

Très-belle épreuve, avec marges.

CARS, MULLER et LEMPEREUR

10 — *Bourdon* (Sébastien). — *Galloche* (Louis). — *Leramberg* (Louis). — *Jeaurat* (Etienne). — *Allegrain* (Christophe-Gabriel). Cinq portraits in-fol. d'après Duplessis, Roslin, Belle, Tocqué et Rigaud.

Belles épreuves.

CATHÉLIN (L.-J.)

11 — *Louis Quinze* le bien-aimé. Portrait équestre, d'après Parrocel et Le Mire. In-fol.

CHEREAU (F.)

12 — *Detleu von Dehn* (Conrad), homme d'Etat allemand, d'après Rigaud. — *Renaudot* (Eusèbe), de l'Académie française, d'après Ranc. Deux portraits.

Belles épreuves, avec marges.

13 — *Polignac* (Merchior, cardinal de), d'après Rigaud.

Très-belle épreuve, grandes marges.

DALEN (C. Van)

14 — Sébastien del *Piombo*. — F. Deleboe Sylvius, etc. Trois pièces.

DAULLÉ (J.)

15 — *Feuquières* (Catherine-Marguerite Mignard, comtesse de), d'après Mignard. — *Pellissier* (Mlle), actrice, d'après Drouais. Deux portraits in-fol.

Belles épreuves.

16 — *Gendron* (Claude-Deshayes), oculiste, d'après Rigaud. In-fol.

Superbe épreuve avant la lettre. Grandes marges. L'inscription sur la tablette est manuscrite. Rare.

17 — *Hesse-Hombourg* (Anastasie, Landgravine de), née princesse Troubetzkoï, d'après Roslin. In-fol.

Très-belle épreuve.

18 — *Louis*, dauphin de France, fils de Louis XV, d'après Belle. In-fol.

Belle épreuve.

19 — *Le Mercier*. — *La Peyronie*. — *J.-B. Rousseau*. Trois portraits in-fol., d'après Vanloo, Aved et Rigaud.

Belles épreuves.

20 — *Rigaud* (Hyacinthe), peintre, et sa femme, d'après lui-même.

Très-belle épreuve, avec marge.

DAULLÉ et WILLE

21 — *Saint-Simon* (Cl. de), évêque de Metz, d'après Rigaud. In-fol.

Très-belle épreuve, grandes marges.

DESPLACES (L.)

22 — *Duclos* (Marie-Anne de Châteauneuf, dite Mlle), célèbre comédienne d'après Largillière. In-fol.

Belle épreuve.

23 — *Titon* (Marguerite Bécaille, veuve de Maximilien), d'après Largillière.

Belle épreuve.

DREVET (P.)

24 — *Cotte* (Robert de), célèbre architecte, d'après Rigaud. In-fol.

Belle épreuve, avec marges.

25 — *Dodun* (Ch.-G.), marquis d'Herbault, d'après Rigaud. In-fol.

Belle épreuve.

26 — *Dubois* (Guillaume), cardinal-archevêque, duc de Cambray, d'après Rigaud. In-fol.

Très-belle épreuve.

27 — *Louis XV*, roi de France, en pied, d'après Rigaud.

Belle épreuve.

28 — *Louis de France*, duc de Bourgogne, d'après Rigaud. In-fol.

Très-belle et rare épreuve du 2me état, avant le nom sur la bordure.

29 — François-Louis de Bourbon, prince de *Conti*. Grand in-fol. en pied, d'après Rigaud.

Superbe et très-rare épreuve du 1er état, avant l'adresse du graveur.

30 — *Guldenleu* (Christ. de), d'après Rigaud. — *Keller* (Mme), d'après Rigaud. Deux portraits in-fol.

Belles épreuves.

DREVET (P.-J.)

31 — *Keller* (J.-Balth.), commissaire général des fontes de l'artillerie de France, d'après Rigaud. In-fol.

Belle épreuve, avec marge.

32 — *Lambert de Thorigny* (Nicolas), président en la chambre des comptes. — *Lambert* (Marie de Laubespine, Mme). Deux portraits in-fol., d'après Largillière.

Très-belles épreuves.

33 — *Marie d'Orléans*, appelée demoiselle de Longueville, épouse d'Henri II de Savoie, dernier duc de Nemours, d'après Rigaud. In-fol.

Très-belle épreuve.

34 — *Milantier* (J.-M.), greffier de l'Hôtel de ville de Paris, d'après Largillière.

Très-belle épreuve du 3me état.

35 — *Motteville* (Mme Hélène de), d'après Largillière. In-fol.

Très-belle épreuve du 2me état.

36 — *Rigaud* (Hyacinthe). Deux portraits différents, d'après lui-même. In-fol.

Belles épreuves.

37 — *Couvay* (P.-N.), secrétaire du roi, d'après B. Tournières.

Très-belle épreuve.

38 — *Lecouvreur* (Adrienne), célèbre actrice française, d'après Coypel.

Très-belle épreuve.

39 — *Sainte-Marthe* (Denis de), historien, d'après Cazes. In-fol.

Belle épreuve.

40 — *Bossuet* (J.-B.), évêque de Meaux, d'après Rigaud. — *Fleury* (André-Hercule, cardinal de), d'après Rigaud. Deux portraits in-fol.

Belles épreuves.

DREVET (Cl.)

41 — *Osvald* (Henri), cardinal d'Auvergne. — *Vintimille* (Charles-Gaspard-Guillaume de). Deux portraits in-fol. d'après Rigaud.

Belles épreuves.

DIVERS

42 — *Mazarin.* — Le duc de *Savoye.* — *Bloemaert.* — *Catherine II.* — *N. Rockox,* etc. 10 pièces.

DUPUIS (N.)

43 — *Betzkoy* (Jean de), lieutenant général des armées russes, d'après Roslin. In-fol.

Très-belle épreuve.

DUPUIS et TROUVAIN

44 — *Jouvenet* (Jean). — *Cotte* (Robert de). — *Coustou* (Nicolas). — *Largillière* (N. de). Quatre portraits in-fol. d'après Geulain, Le Gros, Tortebat et Jouvenet.

Belles épreuves.

DYCK (Ant. Van) d'après

45 — Anna *Wake,* par P. Clouwet.

Belle épreuve avant la lettre.

45 *bis* — Les comtes et comtesses, gravés par P. Lombart. Douze pièces.

EARLOM (R.)

46 — Portrait équestre du duc d'*Aremberg*, d'après Van Dyck.

Belle épreuve.

EDELINCK (G.)

47 — *Desjardins.* — *Montarsis.* — *Bertin.* — *Léonard* et *D'Hozier.* Cinq portraits in-fol., d'après Rigaud et Coypel.

Belles épreuves.

EDELINCK (N.)

48 — *Orléans* (Philippe, duc d'), régent. In-fol. équestre, d'après Ranc.

Belle épreuve.

FALCK (J.)

49 — *Christine*, reine de Suède, d'après Beck.

Belle épreuve.

FICQUET (Ét.)

50 — *La Fontaine* (J.-D.), d'après Rigaud, pour les Fables.— *Molière*, d'après Coypel. Deux pièces.

Belles épreuves.

GRIGNON (G.) d'après

51 — Portrait d'homme, tenant une épée de la main droite, gravé par Murphy.

Belle épreuve avant la lettre.

HOARE et **COTES** (d'après)

52 — *Miss Hoare*.— *Miss Cunliffe*. Deux pièces gravées par Watson et Faber.

Belles épreuves.

HUQUIER

53 — *Oppenort* (G.-M.), écuyer, directeur général des bâtiments et jardins de S. A. R. Mgr le Duc d'Orléans, d'après lui-même.

Très-belle épreuve. Rare.

INGRES (J.-D.)

54 — Portrait de *M. de Pressigny*, gravé à l'eau-forte en 1816.

Très-belle épreuve, grandes marges.

JODE (P. de)

55 — *Henriette de France*, reine d'Angleterre, d'après Van Dyck. In-fol.

Belle épreuve.

KEATING (G.)

56 — *Louis XVI* écrivant son testament, d'après Singleton. In-fol.

Belle épreuve, avec marge.

KENINGER (V.)

57 — Portrait du *Comte de Fries*, d'après Fuger.

Belle épreuve avant la lettre.

58 — *Quadal* (M.-F.), peintre, d'après lui-même.

Belle épreuve.

KNELLER (G.) d'après

59 — *Madame d'Avenant. — Lady Wentworth. — Comtesse de Clarendon. — Lady Howard. — Duchesse d'Osmond. — Sir John Percivale. — Jacques II. — Duc de Glocester.* Onze portraits gravés par Smith.

Belles épreuves.

60 — *Lady Essex Mostyn. — Comtesse de Ranelagh. — Mistress Turner. — Mistress Elenor Copley. — Mistress Arabella Hunt. — Mistress Rachel Hon. — Comtesse de Salisbury. — Comtesse d'Essex. — Duchesse d'Osmond. — Mistress Sherard. — Mistress Yarborough. — Duchesse de Saint-Albans.* Treize pièces gravées par Smith.

Belles épreuves.

61 — Portrait de femme assise. Deux épreuves avant la lettre, dont une imprimée en brun, gravé par Smith.

Belles épreuves.

62 — *Anne*, reine d'Angleterre, par Smith.

Belle épreuve.

63 — *J. Stanhope. — Lord Euston. — Lord Salisbury. — M. Grinlin Gibbons. — J. Sheffield. — Duc de Glocester. — Baron de Ginkel. — G. Prince de Danemark. — Lord Cobham*, etc. Quinze portraits gravés par Smith.

Belles épreuves.

KNELLER

64 — Portraits et sujets gravés à la manière noire, par Smith, Faber, Simon, etc. Vingt et une pièces.

65 — *Monoyer* (J.-B.), peintre de fleurs, par White.

KNELLER et LELY (d'après)

66 — *P. Lely.—Le Comte d'Exeter.— La Comtesse de Chesterfield. — Duchesse de Sommerset. — Lady Jones. — Lady Howard. — E. Gween*, etc. Huit pièces gravées par Valck, Vaart et Smith.

KNELLER et SCHALKEN

67 — *Kneller* (G.), *Schalken* (G.). Portrait d'un musicien. Quatre pièces gravées par Smith.

Belles épreuves.

DE LARMESSIN, CHEREAU et DESROCHERS

68 — *Marie-Josèphe de Saxe*, dauphine de France, d'après Vanloo. — *Largillière* (N. de), d'après lui. — *Bourdaloue* (Claude), d'après Largillière. Trois portraits. In-fol.

LELY (P.) d'après)

69 — *Comtesse de Rochester. — Mistress Jenny Deering*. Deux pièces gravées par Tounby et Ardell.

Belles épreuves, une est avant la lettre.

LEPICIÉ

70 — *Boullongne* (L. de), célèbre peintre. — *Orry* (Messire Philbert), ministre et conseiller d'État. Deux portraits in-fol. d'après Rigaud.

Belles épreuves.

MASSARD (J.)

71 — *Charles Ier et sa famille*, d'après Van Dyck.

Belle épreuve.

MELLAN (Cl.)

72 — *Seguier* (P.), chancelier de France. In-fol.

Très-belle épreuve.

MERCIER (P.) d'après

73 — Portraits de femmes. Neuf pièces gravées à la manière noire, par Ardell, Houston, Faber et Simon.

MOITTE, GAILLARD et **CHEVILLET**

74 — *Fouquet de Belle-Isle*, duc de Gisors. — Jean *Restout*. — François *Castanier*, etc. Quatre portraits in-fol., d'après Rigaud et de La Tour.

MULLER (J.)

75 — *Albert*, archiduc d'Autriche. — *Isabelle*, infante d'Espagne. Deux portraits in-fol. faisant pendants, d'après Rubens.

Belles épreuves.

76 — *Spinola* (Ambroise), d'après Mierevelt. In-fol.

Belle épreuve.

NANTEUIL (Robert)

77 — *Talon* (Denis). — *Christine*, reine de Suède. Deux portraits in-fol.

Belles épreuves.

PETIT

78 — *Bachelier* (Mre Henry), d'après de Troy. — *Marie Leczinska*, d'après de La Tour. Deux portraits in-fol.

Belles épreuves.

PETIT, DUCHANGE, DE LARMESSIN, etc.

79. — *Potier de Gesvres*. — *Marie-Josèphe*, dauphine. — *De Troy* (François). — *Coypel* (Ant.). — *De la Fosse* (Charles). — *Hallé* (Claude). — *Desportes* (François). Sept portraits in-fol. d'après différents peintres.

Belles épreuves.

PICHLER (J.)

80 — *Ferdinand IV*, roi des Deux-Siciles, d'après Kreuzinger. In-fol. en manière noire.

Belle épreuve.

PONTIUS (P.)

81 — *Olivarès* (Gaspar de Gusman, comte d'), duc de San Lucar. Grand in-fol., d'après Rubens et Velasquez.

Très-belle épreuve, avec marge.

82 — *Rubens* (P.-P.), d'après lui-même.

Très-belle épreuve.

ROULLET (J.-L.)

83 — *Beringhen* (Henri, marquis de). — *Beringhen* (Jacques-Louis, marquis de). Deux portraits in-fol., d'après Mignard.

Belles épreuves.

84 — *Lully* (J.-B.), secrétaire du roi et surintendant de sa musique, d'après Mignard. In-fol.

Belle épreuve.

RUOTTE

85 — *Lamballe* (Marie-Th.-Louise de Savoye-Carignan, princesse de), d'après Danloux.

Très-belle épreuve, avec marges.

SAILLIAR (L.)

86 — Portrait de *Héléna Forman*, première femme de Rubens, en pied dans un paysage, d'après Van Dyck. In-fol.

Très-rare éprenve avant la lettre, grandes marges.

SCHIAVONETTI (L.)

87 — *Sa Majesté la Reine Régente et Son Altesse la Princesse Louise de Prusse*, représentées sur une même feuille, d'après Tischbein. In-fol.

Belle épreuve.

SCHMIDT (G.-F.)

88 — *Mignard* (Pierre), peintre célèbre, d'après Rigaud. In-fol.

Belle épreuve.

89 — *Pesne* (Antoine), peintre, d'après lui-même.

Belle épreuve, avec marge.

90 — *Saint-Albin* (Ch.), archevêque de Cambrai, d'après Rigaud. — *Borck* (Fr.-Guillaume), ministre de Prusse, d'après A. Pesne. Deux portraits in-fol.

91 — Henri *Voguell*. — *Le Comte d'Evreux et J.-B. Rousseau*. Trois portraits in-fol. d'après Pesne, Rigaud et Aved.

SCHMUTZER

92 — *Dietricy* (Christian-W.-Ernest), peintre célèbre, d'après lui-même.

Superbe épreuve avant toutes lettres, grandes marges.

SCHUPPEN (P. Van)

93 — *La Reynie* (Messire G.-N. de), conseiller du roi, maître des requêtes, d'après Mignard. In-fol.

Belle épreuve.

94 — Antoine-François *Van der Meulen*, célèbre peintre, d'après N. de Largillière. In-fol.

Très-belle épreuve.

SIMONNEAU (Ch.)

95. — *Orléans* (Elizabeth-Charlotte, Palatine du Rhin, Duchess d'), d'après Rigaud. In-fol.

Belle épreuve.

SMITH (J.-B.)

96 — *Le Comte de Wallenstein*, d'après G. Dow.

Belle épreuve.

97 — *Mistress Warner*, d'après Largillière

Belle épreuve.

STRANGE (B.)

98. — *Charles Ier debout, près de son cheval que tient un écuyer*, d'après Van Dyck.

Belle épreuve en mauvais état de conservation.

SURUGUE (L.)

99 — *Madame de..... en habit de bal* (Mme de Mouchy), d'après Ch. Coypel.

Très-belle épreuve, avec marge.

TARDIEU (J.)

100 — *Marie*, princesse de Pologne, reine de France et de Navarre, d'après J.-M. Nattier. In-fol.

Belle épreuve.

TARDIEU (N.)

101 — *Gondrin* (Louis-Antoine de Pardaillon de), duc d'Antin, d'après Rigaud.

Très-belle épreuve, avec marge.

THOMASSIN (S.-H.)

102 — *Louis*, dauphin de France, in-fol. en pied, d'après Tocqué.

Belle épreuve, avec marges.

VALLÈE (S.)

103 — *De Troy* (J.), peintre, d'après F. de Troy. In-fol.

Très-rare épreuve avant toutes lettres, et avant beaucoup de travaux.

104 — Madame *Vallée*, vue jusqu'aux genoux, cueillant des fleurs, d'après Rigaud. — De Troy (Jean), peintre, d'après F. de Troy. Deux portraits in-fol.

Belles épreuves.

VANGELISTY

105 — *Vergennes* (Charles, comte de), d'après Callet. In-fol.

Très-belle épreuve avant toutes lettres.

VERMEULEN (C.)

106 — *Borcht* (Nic. Van der). — *Brunenc* (J. de), banquier de Lyon. — *Broglie* (Ch. Amédée de). — *Luxembourg* (François de Montmorency, duc de). — Marie-Louise de *Tassis*. *Bottiers* (J.). — *Boyer d'Aguilles*. Sept portraits in-fol., d'après Van-Dyck, Largillière et Rigaud.

Belles épreuves.

VERTUE (G.)

107 — *Charles Ier* et *Henriette de France*, représentés en regard l'un de l'autre sur une même feuille, d'après Van Dyck.

Bonne épreuve.

VORSTERMAN (L.)

108 — *Thomas Howard* et *Alathea Talbot*, représentés sur une même feuille, d'après Van Dyck.

Très-belle épreuve.

VOUILLEMONT (Sébastien)

109 — *Rovère* (Julie-Victoire de la), grande duchesse de Toscane. In-fol. (R. D. 62).

Belle épreuve.

WATSON et ARDELL

110 — Portraits anglais, d'après Van-Dyck. Huit pièces.

WILLE (J.-G.)

111 — *Largillière* (Marie-Elizabeth de), d'après Largillière. — *Gouy* (Elizabeth de), femmes de H. Rigaud. Deux portraits in-fol.

112 — *Marigny* (A. François Poisson, marquis de), d'après Tocqué. — *Lowendal* (Woldemar de), maréchal de France, d'après de La-Tour. Deux pièces.

Belles épreuves.

WILLE (J.-G.)

113 — *Massé* (J.-B.), peintre, d'après L. Tocqué. — *Saint-Florentin* (Louis Phelypeaux, comte de), d'après Tocqué. Deux portraits in-fol.

Belles épreuves.

WOTHUK

114 — *Malborough* (Jean, baron de Churchill, duc et comte de). In-fol.

Belle épreuve.

GRAVURES DIVERSES

ANONYME

115 — Le Triomphe de Bacchus, d'après J. Romain. Grande pièce imprimée sur deux feuilles séparées.

Très-belle épreuve.

BELLANGE (J.)

116 — Les trois Maries au Tombeau (R. D. 9).

BLOEMAERT

117 — Principes et études de dessins gravés par B. Picart. Amsterdam, 1740. 1 vol. in-fol. cartonné, contenant 166 planches.

Bel exemplaire.

BONNART et MARIETTE

118 — Portraits, costumes de l'époque Louis XIV, 187 pièces en 1 vol. in-fol.

BOSSE (A.)

119 — Le Peintre dans son atelier.

Très-belle épreuve.

BOSSE (A.)

120 — La Galerie du Palais.

Très-bonne épreuve, manque de conservation.

121 — Les Sens, — sujets de la vie de l'enfant prodigue, etc. Neuf pièces.

CLAESSENS (L.-A.)

122 — Bourgeoisie armée d'Amsterdam, d'après Rembrandt.

Belle épreuve avant la lettre, lettres tracées.

DIVERS

123 — Pièces tirées des cabinets Choiseul et Poulain. Dix pièces avant la lettre et à l'eau-forte, plus cinq pièces avec la lettre de la galerie Le Brun.

DURER (Albert)

124 — Armoiries avec un homme sauvage (B. 170 des gravures sur bois). — Caïn tuant Abel (B. 1). — La Décollation de saint Jean-Baptiste (B. 125). — Sujets de la grande Passion, etc. Neuf pièces.

Belles épreuves.

ÉCOLE ALLEMANDE

125 — Gravures sur bois et sur cuivre par Durer L. de Leyde Beham, Mecken, Burgmair, etc. Quatre-vingt-dix-sept pièces.

FALCK (J.)

126 — La vieille courtisane à sa toilettte, d'après Lys.

Superbe épreuve avant toutes lettres. Marge.

127 — Femme assise, représentant la Peinture, couronnée par un amour.

Très-belle épreuve avant toutes lettres.

GOLTZIUS (H.)

128 — Une sainte famille. (B. 24.)

Très-belle épreuve.

GOLTZIUS (H.)

129 — La Vierge pleurant sur le corps de Jésus-Christ qui est étendu sur ses genoux (B. 41).

Très-belle épreuve.

GAULTIER (L.) et HALBECK

130 — Pourtraict du sacre et couronnement de *Marie* de *Médicis*, royne très chrétienne de France et de Navarre, faict à Saint-Denis en France, le jeudi 13 de may 1610. — Le sacre et couronnement du roy très chrétien *Louis XIII*, roy de France et de Navarre, célébré à Reims le dimanche dix-septième octobre 1610. Deux pièces in-fol. en largeur. Les inscriptions du haut ont été coupées et rapportées.

Très-belles épreuves. Rares.

HOOGE (R. de)

131 — Arlequin sur l'Hippogryphe à la croisade Lojoliste. — La belle Constance dragonée par Arlequin Deodat. Deux pièces satiriques avec légendes.

Belles épreuves.

JORDAENS (J.) d'après

132 — *Rubens* and family, par J. Watson.

Très-belle éprenve, avec marges.

KLEIN (Ad.)

133 — Etudes d'animaux et chevaux harnachés. Neuf pièces gravées à l'eau-forte.

Belles épreuves.

LAIRESSE (G. de)

134 — Son œuvre en quarante-sept pièces, gravées à l'eau-forte.

Belles épreuves.

LE FEBVRE

135 — Les forces de la France sous le règne du magnanime Louis XIV à présent régnant, roi de France et de Navarre. Pièce historique curieuse.

LEROUX, GUÉRIN et ROMANET

136 — *Léda,* d'après L. de Vinci. Epreuve avant toutes lettres. — L'Amour désarmé, d'après le Corrége. — Le Sommeil, d'après le Titien. Trois pièces.

Belles épreuves.

MATHAM (J.)

137 — Repos en Egypte (B. 258).

Très-belle épreuve, avec marge.

MATHAM et MULLER

138 — Divers sujets de mythologie (B. 273-285). — Histoire de la création du monde (B. 35-41). Deux suites incomplètes, etc. Onze pièces.

Belles épreuves.

METZU (d'après)

139 — The Dutch Cook Maid. — The Dishabille. Deux pièces gravées à la manière noire, par Watson.

Belles épreuves.

PHILLIPS (Ch.)

140 — Portrait d'un jeune garçon, tenant un pigeon, d'après F. Mola.

Très-belle épreuve avant la lettre.

REMBRANDT (P. Van Rhyn) d'après

141 — The Mathematician, gravé à la manière noire, par M. Ardell.

Très-belle épreuve.

142 — Le Bourgmestre et sa servante, par Hodges. Deux épreuves dont une avant la lettre.

Belles épreuves.

143 — Portrait de vieille femme avec fraise autour du cou, par Hodges.

Très-belle épreuve.

REMBRANDT

144 — Le grand Rabin juif, par Pether.

Très-belle épreuve.

145 — La femme de *Rembrandt* en costume de mariée juive, par Pether. Deux épreuves, dont une avant toutes lettres.

Très-belles épreuves.

146 — The Lord of the Vineyard paying his laboureurs. — L'Ange disparaissant devant la famille de Tobie. — Démonstration anatomique. Trois pièces gravées par Ravenet, Walker et Defrey. Deux sont avant la lettre.

Belles épreuves.

147 — Le Denier de César, par Marc Ardell.

Très-belle épreuve avant la lettre.

148 — La Maîtresse de Rembrandt, par Cooper.

Belle épreuve.

RUBENS (P.-P.) d'après

149 — La Galerie du Palais du Luxembourg, peinte par Rubens, dessinée par les sieurs Nattier et gravée par les plus illustres graveurs du temps. A Paris, chez Duchange, 1710, non relié.

Exemplaire complet avant les numéros, marge. Très-belles épreuves.

150 — Suzanne surprise par les Vieillards (B. 36 de l'ancien Testament.

Belle épreuve.

151 — Retour d'Egypte, par L. Vorsterman (B. 30 du N. T)

Belle épreuve.

152 — La fille d'Hérodiade présentant la tête de saint Jean à sa mère, par S. A. Bolswert (B. 41 du N. T.).

Superbe épreuve, avec marges.

153 — La Résurrection de Lazare. — La Cène. Deux pièces gravées par B. à Bolswert (B. 61 et 62 du N. T.).

Belles épreuves avant l'adresse d'Huberti.

RUBENS

154 — Apparition des Anges aux saintes femmes, au tombeau de Jésus-Christ, par L. Vorsterman (B. 111 du N. T.)

Très-belle épreuve.

155 — La Trinité, par S.-A. Bolswert (B. 123 du N. T.).

Belle épreuve.

156 — Le Couronnement de la Vierge, par Christophe Jegher (B. 15 des sujets de Vierges).

Belle épreuve.

157 — La Sainte Vierge, que l'enfant Jésus embrasse (B. 30 des sujets de Vierges), par Bolswert.

Belle épreuve.

158 — Saint François recevant les stigmates (B. 11 des sujets de saints), par L. Vorsterman.

Très-belles épreuves.

159 — Saint Ildephonse recevant une chasuble des mains de la Sainte Vierge, qui lui apparaît, accompagnée de quatre autres figures, par Witdouc (B. 31 des sujets de saints).

Belle épreuve.

160 — Saint Roch intercédant pour les pestiférés, par Pontius (B. 44 des sujets de saints).

Belle épreuve.

161 — Saint François d'Assise mourant, soutenu par ses frères, reçoit la communion (B. 11 des sujets d'histoire et allégories sacrées).

Très-belle épreuve.

162 — Les Pères et les Docteurs de l'Eglise agitant la question du mystère de la Transubstantiation, par Snyers (B. 11 des sujets d'histoire et allégories sacrées).

Très-belle épreuve.

163 — Conversation entre plusieurs amants; on remarque à droite, debout, Rubens et sa femme, et derrière eux l'Amour. Pièce connue sous le titre de *Jardin des Muses ou d'Amour*, par P. Clouwet (B. 39 des allégories, etc).

Très-belle épreuve du 1er état, avant que les vers flamands aient été effacés et remplacés par des vers français.

RUBENS

164 — La même composition, avec quelques différences, gravée par l'empereur (B. 40 des Allégories, etc).

Très-rare épreuve avant toutes lettres, à l'état d'eau-forte.

165 — L'Assomption de la Vierge. Quatre compositions différentes, par Bolswert, Pontius et Witdouc.

166 — Sous ce numéro, il sera vendu par lots, environ 300 pièces de l'œuvre du maître, par Bolswert, Vorsterman, Pontius et autres graveurs du temps.

SAINT-JEAN

167 — Femme de qualité déshabillée pour le bain.

Belle épreuve.

SCHALKEN (G.) d'après)

168 — Jeune femme en chemise, tenant une chandelle à la main. — The Negligent-Lover. Deux pièces gravées par Watson et Verkolie. Une est double avant la lettre.

Belles épreuves.

169 — The Negligent-Lover. — The Lover Undress'd. Deux pièces gravées à la manière noire, par Watson.

Très-belles épreuves.

STRANGE (R.)

170 — Vénus. — Danaë. — Deux pièces faisant pendant, d'après Titien.

Belles épreuves.

171 — Vénus bandant les yeux de l'Amour, d'après Titien.

Très-belle épreuve.

172 — Vénus et les grâces. — Libéralité et Modestie. — Cléopâtre. — La mort de Didon, etc. Six pièces d'après le Guide.

TASSAERT

173 — La Vierge et l'enfant Jésus, d'après C. Maratte.

Belle épreuve.

TERBURG, STEEN et autres (d'après)

174 — La Santé portée. — Le Galant militaire. — Le Pâtissier, etc., quatre pièces gravées par Chevillet, Audoin, Bemme, etc. Trois sont avant la lettre.

Belles épreuves.

VERKOLYE et **MORELAND** (d'après)

175 — Jeunes femmes tenant une chandelle à la main. Deux pièces gravées à la manière noire, par Watson et Greenwood.

Belles épreuves.

VISSCHER (J.)

176 — Histoire de l'enfant prodigue, suite de quatre estampes en largeur, d'après D. V. Boins.

Belles épreuves.

177 — Composition mythologique, d'après Bloemaert. — Le Massacre des Innocents. Sujets sans noms d'auteurs. Deux pièces.

WATSON (J.)

178 — Lady Sitting in a Chair, d'après Rubens.

Belle épreuve, avec marge.

179 — Sous ce numéro, il sera vendu par lots un grand nombre d'estampes de toutes les écoles.

ECOLE FRANÇAISE

DU XVIIIe SIÈCLE

AMICONI (d'après)

180 — Pastorales. Suite de quatre pièces en hauteur, gravées par Wagner.

Belles épreuves, avec marges.

181 — Pastorales italiennes. Suite de quatre pièces faisant pendant, gravées par G. C.

Très-belles épreuves, toutes marges.

ANONYME

182 — Jeune homme assis et dessinant.

Très-belle épreuve avant toutes lettres.

AUBERT (L.) d'après

183 — Le Billet doux. — La Revendeuse à la toilette. Deux pièces faisant pendant, gravées par Cl. Duflos.

Très-belles épreuves, avec marges.

184 — Le Dessein, par Cl. Duflos.

Très-belle épreuve, avec marge.

AUBRY (Ét.) d'après

185 — Les Adieux de la Nourrice, par N. De Launay.

Très-rare épreuve avant toutes lettres, à l'état d'eau-forte.

186 — L'Amour paternel, par J. C. Le Vasseur.

Très-rare épreuve avant toutes lettres, à l'état d'eau-forte.

AUBRY et GREUZE (d'après)

187 — Les Amants heureux. — Les Adieux de la nourrice. — La Lecture de la Bible. — Le Mariage rompu. Quatre pièces gravées par Le Vasseur, De Launay et Martenasie.

BALKO (d'après)

188 — L'Agréable lecture. — Le Précepteur inutile. Deux pièces faisant pendant.

Très-belles épreuves, avec marges.

BAUDOIN (P.-A.) d'après

189 — L'Amour à l'épreuve, par Beauvarlet (E. B. 5).

Superbe et très-rare épreuve avec le titre, sans aucunes autres lettres et avant le changement. Toutes marges.

190 — L'Amour frivole, par Beauvarlet (E. B. 6).

Superbe et très-rare épreuve du 1er état, avec le titre sans aucunes autres lettres. Toutes marges.

191 — Les Amours champêtres par Choffard (E. B. 7).

Belle épreuve.

192 — Annette et Lubin, par N. Ponce (E. B. 9).

Très-belle épreuve, avec marge.

193 — Le Carquois épuisé, par N. De Launay (11).

Très-belle épreuve, grandes marges.

194 — Les Cerises, par N. Ponce (E. B. 13).

Très-belle épreuve.

195 — Le Chemin de la fortune, par Voyez l'aîné (E. B. 14).

Très-belle épreuve, avec marge.

196 — Le Couché de la Mariée, par Moreau le jeune et J.-B. Simonet E. B. 16).

Superbe épreuve, avec grandes marges.

197 — Le Danger du tête-à-tête, par Simonnet (E. B. 18).

Très-belle épreuve, avec grande marge.

198 — L'Épouse indiscrète, par M. De Launay (E. B. 21).

Très-belle épreuve.

199 — Le Fruit de l'amour secret, par Voyez le jeune.

Belle épreuve, avec marge.

200 — Le Jardinier galant, par Helman.

Très-belle épreuve, avec une grande marge.

BAUDOIN (P.-A.) d'après

201 — Jusques dans la moindre chose... (E B. 27).

Très-belle épreuve, avec marges.

202 — Le léger vêtement, par Chevillet. (E. B. 28).

Superbe et très-rare épreuve avant la lettre, grandes marges.

203 — La Coquette de village, par Anselin, d'après Saint-Quentin, fait pendant au numéro précédent.

Superbe et très-rare épreuve avant la lettre, marge.

204 — Le Lever. — La Toilette. Deux pièces faisant pendants, gravées par Massard et Ponce en 1771. (E. B. 29 et 48).

Superbes et rares épreuves, avec le privilége et l'adresse de Mme Baudoin, marges.

204 *bis* — Les mêmes estampes.

Très-belles épreuves, avec l'adresse de Basan, grandes marges.

205 — Le Matin. — Le Midi. — La Nuit. Trois pièces gravées par de Ghendt (E. B. 32, 33 et 35).

Superbes et rares épreuves avant la lettre et avec la tablette blanche. L'épreuve du matin est avant le changement. Ces trois estampes ayant appartenu à M. de Merard Saint-Just, portent sa signature au bas de la droite, petites marges.

206 — Le Matin. — Le Midi. — Le Soir. — La Nuit. Quatre pièces gravées par de Ghendt. (E. B. 32, 33, 36 et 46).

Superbes et très-rares épreuves avant beaucoup de travaux, retouchées à l'encre de Chine par le maître, pour servir d'indication au graveur, coupées en dedans de la bordure.

207 — Le Modèle honnête, gravé à l'eau-forte par Moreau le jeune et terminé au burin, par J. Simonet. (34).

Très-rare épreuve avant toutes lettres, seulement le nom de Moreau, tracé à la pointe, à l'état d'eau-forte.

208 — La même estampe.

Bonne épreuve.

209 — La Rencontre dangereuse, par Le Veau (E. B. 40).

Très-belle épreuve, avec toute sa marge.

210 — Sa taille est ravissante, par Le Beau. (E. B. 43).

Belle épreuve avec marge.

BAUDOIN

211 — La Sentinelle en défaut, par N. De Launay.
Belle épreuve.

212 — Le Soir, par de Ghendt. (E. B. 40).
Très-belle épreuve.

213 — La Soirée des Tuileries, par Simonet. (E. B. 47.)
Très-belle épreuve.

BLANCHARD (J.) d'après

214 — Angélique et Médor, par Voyez l'aîné.
Très-belle épreuve avant la lettre.

BOILLY (d'après)

215 — Défends-moi. — La leçon d'union conjugale. Deux pièces gravées par Petit.

BOUCHER (F.)

216 — L'Amour oiseleur. — L'Amour moissonneur. Deux pièces faisant pendants.
Très-belles épreuves. Rares.

BOUCHER (F.) d'après

217 — Deux Amants assis dans un paysage. Pièce en largeur sans nom de graveur.
Très-rare épreuve avant toutes lettres, et avant beaucoup de travaux.

218 — L'Amour au bain. — Vénus tranquille. — Les Buveurs de lait. — Estampe allégorique sur les troubles de la France. Cinq pièces gravées par Cars, Daullé, Dugy et Duflos.

219 — La Mort d'Adonis, par Surugue.
Très-belle épreuve, grandes marges.

220 — La Baigneuse surprise, par J. Daullé.
Très-belle épreuve, marge.

BOUCHER (F.) d'après

221 — La Bascule. — Le Repos des bergers. Deux compositions entourées de cartouches ornementés, en forme d'écrans, gravées par Huquier.

Très-belles épreuves. Rares.

222 — La Belle cuisinière, par P. Aveline.

Très-belle épreuve, grandes marges.

223 — Le Billet doux. — La Confidence. Deux pièces faisant pendants, gravées par Miger.

Très-belles épreuves, grandes marges.

224 — La Bonne aventure, par Aveline.

Très-rare épreuve avant toutes lettres, à l'état d'eau-forte.

225 — Cartouche ornementé, composé de figures allégoriques d'amours, etc., par Huquier.

Belle épreuve avant l'inscription au milieu.

226 — Colombier. — Vues de Beauvais et des environs de Charenton. Cinq pièces gravées par le Bas et Chedel.

227 — La Cornemuse. — La Fille à l'oiseau. — La Nativité. Trois pièces gravées par Huquier.

Très-belles épreuves, avec marges.

228 — La Crémière. — Les Fruits du ménage. Deux pièces gravées par Vasseur et Ingram.

Très-belles épreuves, avec marges.

229 — Le Départ du courrier, par Beauvarlet.

Très-rare épreuve avant la bordure (l'oval seul), à l'état d'eau-forte, et avant toutes lettres. Belle marge.

230 — Diplôme des francs-maçons pour la loge de Bordeaux, par P. P. Choffard.

Superbe épreuve avant la lettre. Rare.

231 — Elle mord à la grappe. — De trois choses en ferez-vous une. — Vénus et l'Amour. — Les Caresses dangereuses. — Le Soir. — La Chasse au tigre. Six pièces gravées par Pasquier, Daullé, de Longueil, Petit et Flipart.

BOUCHER (F.) d'après

232 — Enlèvement d'Europe. Deux compositions différentes, par Aveline et Duflos.

Belles épreuves.

233 — La Fécondité. — Les Sabots. — Le Messager discret. — Les Amants surpris. — L'agréable leçon. — L'Obéissance récompensée. — Le Goûter de l'automne. — Le Berger récompensé. — Le Panier mystérieux. — Les Bacchantes endormies. Dix pièces gravées par Gaillard.

Bonnes épreuves.

234 — Le fleuve Scamandre, par De Larmessin.

Belle épreuve avant l'adresse de Buldet.

235 — Foire de campagne, par Cochin.

Très-belle épreuve, avec marge.

236 — Jupiter et Calisto, par Gaillard.

Belle épreuve.

237 — Jupiter et Léda, par Ryland.

Très-rare épreuve avant toutes lettres, à l'état d'eau-forte.

238 — La même estampe.

Belle épreuve.

239 — La Marchande d'œufs. — La Souffleuse de savon. — Le Marchand d'oiseaux. Trois pièces gravées par Daullé.

Belles épreuves.

240 — La Muse Clio. — L'Amour enchaîné par les Grâces. Deux pièces gravées par Beauvarlet et Daullé.

Belles épreuves.

241 — La Musique, par P. Aveline.

Belle épreuve.

242 — La Musique pastorale, par J. Daullé.

Belle épreuve.

243 — La Naissance de Vénus. — La Toilette de Vénus. Deux pièces faisant pendant, gravées par Cl. Duflos.

Belles épreuves.

BOUCHER (F.), d'après

244 — *Pan* et *Syrinx*, par P. Martenasie.
Très-belle épreuve avant toutes lettres, marge.

245 — Pastorales et sujets d'amours. Douze pièces.

246 — Le Pêcheur. — Le Pont rustique. Deux pièces faisant pendants, gravées par Chedel.
Belles épreuves, avec marge.

247 — Pensent-ils au raisin?, par Le Bas.
Belle épreuve.

248 — Première vue de Charenton, par J. Ph. Le Bas.
Très-rare épreuve avant toutes lettres, à l'état d'eau-forte.

249 — Première vue de Fronville. — Deuxième vue de Fronville. Deux pièces faisant pendant, gravées par Ryland.
Belles épreuves.

250 — Retour de chasse de Diane, par Cl. Duflos.
Belle épreuve.

251 — Le Réveil interrompu, par Aveline.
Très-rare épreuve avant toutes lettres, à l'état d'eau-forte. Marge.

252 — Le Bergère complaisante, par Aliamet.
Très-rare épreuve avant toutes lettres, à l'état d'eau-forte.

253 — Troisième livre de sujets et pastorales par F. Boucher, Quatrième livre de sujets et pastorales par F. Boucher. (Cahiers C. et D.). Deux suites de six planches, gravées par Huquier.
Très-belles épreuves.

254 — Vénus et l'Amour. Etude dessinée par F. Boucher, et gravée par J.-E. Nochez.
Belle épreuve. Rare.

255 — Vénus endormie près de l'Amour, par M. Aubert.
Très-belle épreuve, grandes marges.

256 — Vénus sortant du bain, par Michel.
Très-belle épreuve, avec marge.

BOUCHER (F.), d'après

257 — Vertumne et Pomone, par Au. de Saint Aubin.

Très-belle épreuve, grandes marges.

258 — Vue d'un pont, par Ryland.

Très-belle épreuve avant toutes lettres et avant beaucoup de travaux.

259 — Quinze vignettes in-4°, gravées par Laurent Cars, pour illustrer les œuvres de Molière.

260 — Suite de dix estampes, in-4°, pour le roman d'Acajou et Zirphile, par Chedel.

Très-belles épreuves, avec marges.

261 — Vénus entrant au bain, — Vénus sortant du bain. Deux pièces gravées par Michel.

Belles épreuves.

262 — Naissance et Triomphe de Vénus, par J. Daullé.

Très-belle épreuve.

263 — Cartouche avec figures allégoriques, par de Larmessin.

Belle épreuve.

PIÈCES GRAVÉES AUX CRAYONS DE COULEURS

264 — Jeune femme à moitié nue, assise sur son lit, gravé aux deux crayons par L. Bonnet, imprimé snr papier bleu.

Belle épreuve, avec marge.

265 — Vénus et l'Amour, gravé aux deux crayons par L. Bonnet. Imprimé sur papier bleu.

Très-belle épreuve, avec marge.

266 — Vénus debout, gravé au crayon noir, par Petit.

Belle épreuve.

267 — La Bouquetière, par Lucien.

Belle épreuve, avec marge.

268 — Études d'amours. Trois pièces à la sanguine, par Demarteau.

Belles épreuves, avec marge.

269 — Sous ce numéro, il sera vendu 42 pièces, sujets d'amours, mythologiques, pastoroles, etc., gravées au crayon rouge, par Demarteau.

BOUCHER et VANLOO (d'après)

270 — La Mort d'Adonis. — Mars et Vénus. Deux pièces faisant pendant, gravées par Le Vasseur.

Épreuves sur chine.

BOUNIEU (M.) d'après

271 — L'Innocence sous la garde de la Fidélité, par N. Ponce.

Très-belle épreuve avant la lettre. Rare.

BRIARD (d'après)

272 — Le Devin de village, par Jourd'heuil.

Belle épreuve, avec marge.

CANOT (d'après)

273 — Le Gâteau des rois, par J. Ch. Le Bas.

Très-belle épreuve, avec marge.

CARÊME (d'après)

274 — Le Baiser napolitain, par Flipart.

Très-belle épreuve.

CARÊME et FRAGONARD (d'après)

275 — Le Refus inutile. — Le Baiser dangereux. Deux pièces gravées par Flipart.

Très-belles épreuves.

CARÊME et BOUCHER (d'après)

276 — La Colombe chérie. — L'Oiseau privé. Deux pièces gravées par Flipart.

Très-belles épreuves.

CHALLE (d'après)

277 — La Soubrette officieuse, par Chaponnier.

Belle épreuve.

CHARDIN (J.-B.-S.) d'après

278 — Les Amusements de la vie privée, par L. Surugue (E. B. 1).

Très-belle épreuve, avec grandes marges.

279 — Le *Benedicite*, par Lepicie (E. B. 5-a).

Superbe épreuve avec grande marge.

280 — Étude de dessin, par Le Bas (E. B. 18).

Superbe et très-rare épreuve d'un état non décrit, avec les noms du peintre et du graveur, et avec les mots de La Harpe ajoutés à la fin de l'adresse, toutes marges.

281 — L'Instant de la méditation. — Dame prenant son thé. — La Mère trop rigide. Trois pièces gravées par Surugue, Filloeul et Charpentier.

282 — La Maîtresse d'école, par Lepicié (34).

Très-belle épreuve du 2me état. Rare.

283 — L'Économe, par J. Ph. Le Bas.

Belle épreuve.

284 — L'Ouvrière en tapisserie, par J.-J. Flipart (40).

Très-belle épreuve, avec marge.

285 — *Sans soucis, sans chagrin*... — *Simple dans mes plaisirs*... — L'Ecureuse. Trois pièces gravées par C. N. Cochin.

286 — La Serinette, par L. Cars.

Très-belle épreuve, avec marge.

287 — La même estampe.

Très-belle épreuve, avec grandes marges.

288 — Les Tours de Cartes, par P. L. Surugue (E. B. 51).

Belle épreuve, avec marge.

289 — Le Chat au fromage, par Dupin (E. B. 2, des pièces douteuses).

Très-rare épreuve d'un état non décrit, avec l'adresse de Crepy.

CHODOWIECKI (D.-N.)

290 — Frédéric le Grand au milieu de ses Généraux, grande pièce in-fol. en largeur.

Très-belle épreuve avant toutes lettres, avec le trait explicatif.

291 — Les Adieux de Calas à sa famille.

Très-belle épreuve, avec marge.

292 — Vignettes pour illustration de livres, portraits, etc., la plupart avant la lettre, 974 pièces. Collection rare à trouver aussi nombreuse.

COCHIN (C.-N.)

293 — Le Château de Cartes. — Le Camouflet. Deux pièces gravées par N. Dupuis.

Belles épreuves.

294 — La charmante *Catin*. — Le Chanteur de Cantiques. deux pièces gravées par Madeleine Cochin et imprimées sur une nême feuille. Grandes marges.

Très-belles épreuves.

295 — La Soirée, par Gallimard.

Très-belle épreuve, avec grandes marges.

296 — *Vertumne* et *Pomone*, par N. Pruneau.

Très-belle épreuve.

297 — *Sophie Lecoulteux du Molay*. Médaillon ovale entouré de figures allégoriques et des attributs de la musique, gravé par B. Nicollet, petit in-fol.

Superbe épreuve avant toutes lettres, marge. Très-rare.

COLSON (d'après)

298 — Le Repos, par N. Dupuis.

Belle épreuve.

COSWAY (R.) d'après

299 — Her Royal Highness *Caroline*, princesse of Wales, gravé par Bartolozzi.

Très-belle épreuve.

COSWAY (R.) d'après

300 — Portrait de femme, en pied, gravé en couleur par Dickinson.

Superbe épreuve avant la lettre. Rare.

301 — Jeune fille tenant un mouton dans ses bras, gravé par Bartolozzi.

Belle épreuve avant la lettre.

COYPEL (Ant.)

302 — Le Triomphe de *Galatée* (R. D. 8).

Belle épreuve.

303 — Bacchus et Ariane (R. D. 9).

Très-rare épreuve du 1er état, avant toutes lettres, à l'état d'eau-forte, plus la même pièce avec la lettre, terminée au burin par G. Audran. Deux pièces.

COYPEL (Ant.) d'après

304 — Diane et ses nymphes. — L'Alliance de Bacchus et de l'Amour. — Renaud et Armide. — Psyché et Cupidon. — L'Amour réfugié dans la maison d'Anacréon, etc. Huit pièces gravées par Dupuis, Audran, Duchange, Picard et autres.

305 — Tableau de la voûte de la grande galerie du Palais-Royal. Suite de quatre estampes gravées par Picart, Bauvais, et Tardieu.

Belles épreuves.

COYPEL (Ch.) d'après

306 — L'Amour de ville, ou l'amour coquet. — L'Amour de village ou l'amour naïf. Deux pièces faisant pendant, gravées par Lépicié en 1732.

Très-belles épreuves, avec grandes marges.

307 — Ce dépit n'est point redoutable (Portrait de Mme Favart), par P. L. Surugue le fils.

Très-belle épreuve.

COYPEL (Ch.) d'après

308 — *Chantez berger, dans ce séjour... — qui pourrait à Philis ne pas rendre les armes.* Deux pièces faisant pendant, gravées par F. Botet.

Belles épreuves.

309 — L'Hiver. — La Veuve. — *O moments trop heureux où règne l'innocence. — Tel qui rit, voyant ces enfants... — L'Air grave que je fais paraître...* — Cinq pièces gravées par Lépicié, Joullain et Ravenet.

310 — La Jeunesse sous les habillements de la Décrépitude (portrait de Mme Coypel), par R. E. Marlié-Lépicié.

Très-belle épreuve.

COYPEL (N.-N.) d'après

311 — L'Alliance de Bacchus et de Vénus, par Le Bas.

Belle épreuve.

CUVILLIER

312 — Morceaux de caprice à divers usages, inventés par François de Cuvilliés, conseiller et architecte de sa majesté impériale. A Munich, chez l'auteur. Un vol. in-fol., cartonné renfermant 27 gravures.

DANDRÉ-BARDON (d'après)

313 — La Naissance, par J. Balechou.

Belle épreuve, avec marge.

DANLOUX (d'après)

314 — La Surprise agréable, par P. H. Jouxis.

Superbe épreuve avant la dédicace, marge.

DAUMONT (A Paris, chez)

315 — Bourse ou loge des changes à Lyon.

Belle épreuve.

DEBARE (d'après)

316 — Route du monde, par L. Truchy.

Bonne épreuve.

DEBUCOURT (P.-L.)

317 — La Croisée.

Très-belle épreuve, en couleur.

318 — Le Compliment ou la matinée du jour de l'An. — Les Bouquets ou la fête à la grand maman. Deux pièces faisant pendant.

Belles épreuves, sans marges, et l'inscription du bas coupée.

318 (*bis*). — Il est pris !

Superbe épreuve avant la lettre, avec le poisson dans la main gauche de la femme, grande marge. Très-rare en aussi belle condition.

DESHAYES (J.-B.H.) d'après

319 — Erigone vaincue, par Levesque. Epreuve avant la lettre. — La Résistance, par Nicollet. Deux pièces.

DIVERS

320 — L'Eau. — Le Prêtre du catéchisme. — Léda. — Cupidon. — Repos de Vénus, etc. Neuf pièces d'après Raoux, Vanloo, Dumont, Dumesnil et autres.

321 La Déesse du feu. — Vénus endormie. — Vénus et l'Amour. Diane et ses nymphes. Six pièces gravées par Bartolozzi, Le Vasseur et Picot.

322 — Tant mieux ! c'est bien fait. — La Tricoteuse endormie. — Vénus endormie. — Vénus et Adonis, etc. Neuf pièces d'après Danloux, Greuze, Monet et Wille.

323 — La Tendre mère. — Bacchante se préparant à un sacrifice. — Le Bon exemple. — L'Age agréable. Quatre pièces gravées par Le Vasseur, Chevillet, Schultze et Muller.

324 — *Thoughts on Matrimony*. — La Piémontaise. — L'Amour maternel. — Nécessité n'a point de loi, etc. Six pièces d'après Le Mesle, Smith, Hallé, Peters et Gravelot.

DIVERS

325 — Portraits et sujets, d'après Santerre, Watteau, Courtin, Jeaurat et autres. 20 pièces.

DONNMAN (J.) d'après

326 — Tom *Jones*. Deux compositions différentes, faisant pendant, gravées par P. Simon.

Belles épreuves.

327 — Mistress *Siddons*, gravé au bistre, par W. Tomkins.

Très-belle épreuve avant la lettre.

EISEN (Ch.) d'après

328 — L'Accord de mariage, par R. Gaillard.

Belle épreuve.

329 — L'Amour européen, par F. Basan.

Très-belle épreuve. Rare.

330 — L'Été. — L'Hiver. — L'Automne. Trois pièces gravées par de Longueil.

Belles épreuves, avec marges.

331 — Le Jour. — La Nuit. Deux pièces faisant pendants, gravées par Patas.

Très-belles épreuves.

332 — Le Matin, — Le Midy. Deux pièces gravées par de Longueil.

Belles épreuves, avec grandes marges.

EISEN (Ch.) d'après ?

332 *bis* — Pastorales. Deux compositions de formes rondes.

Superbes épreuves avant toutes lettres, à l'état d'eaux-fortes.

ÉCOLE ANGLAISE

333 — Portraits, pastorales et autres. Dix pièces gravées par Watson, Bartholozzi, etc.

FRAGONARD (H,)

334 — L'Armoire.
Superbe épreuve avant l'adresse de Naudet, marge.

FRAGONARD (H.) d'après

335 — Le Baiser à la dérobée, par N.-F. Regnault.
Superbe et très-rare épreuve avant toutes lettres, seulement le nom du graveur tracé à la pointe.

336 — La même estampe.
Belle épreuve.

337 — Les deux Baisers. Deux pièces faisant pendant, gravées par Marchand.
Très-belles épreuves.

338 — La Bonne mère, par N. Delaunay.
Très-belle épreuve, avec marge.

339 — Le Cocu battu et content, gravé par Delignon.
Superbe et très-rare épreuve avant toutes lettres, à l'état d'eau-forte, toutes marges.

340 — Le Contrat, par Blot.
Superbe épreuve avant la lettre, seulement le titre gravé et les noms des artistes tracés à la pointe. Rare.

341 — Le Verrou, par Blot.
Belle épreuve.

342 — La Culbute, gravé en bistre par Charpentier.
Belle épreuve. Rare.

343 — La fontaine d'Amour, par N.-F. Regnault.
Superbe épreuve avant la lettre, seulement le titre et les noms d'artistes tracés à la pointe, marge. Rare.

344 — Le Songe d'Amour, par N.-F. Regnault.
Très-belle épreuve avant la lettre, seulement le titre et les noms des artistes tracés à la pointe. Rare.

FRAGONARD (H.) d'après

345 — La Gimblette, par Bertony.

Superbe et très-rare épreuve du premier étant avant toutes lettres et avant la draperie. La marge du bas est couverte d'essais de burin.

346 — Les Hasards heureux de l'Escarpolette, par N. de Launay.

Superbe épreuve avant la dédicace et avec la faute, le mot escarpolette écrit avec une S. Très-rare.

347 — Le Pot au lait. — Le Verre d'eau. Deux pièces faisant pendant, gravés par N. Ponce.

Très-belles épreuves, avec toutes leurs marges.

348 — Vue d'un parc, gravé à l'eau-forte par Saint-Non.

Superbe épreuve, avec marge.

349 — Sapho, gravé par Mlle Angélique Papavoine.

Très-belle épreuve, avec marge. Rare.

350 — Suite complète de vingt gravures in-4, d'après les dessins de H. Fragonard, par différents graveurs, pour l'édition en deux vol. *des contes de Lafontaine*, publiés par P. Didot l'aîné, une pièce est avant la lettre.

Superbes épreuves, toutes marges.

FREUDEBERG (S.) d'après

351 — Le Lever, par A. Romanet, 1774.

Cette pièce ainsi que les neuf suivantes forment la première partie du Costume physique et moral au XVIIIe siècle. Elles sont de premier tirage avant les numéros, avec grandes marges, en épreuves superbes.

352 — La Toilette, par Voyez l'aîné, 1774.

353 — L'Occupation, par Lingée, 1774.

354 — La Visite inattendue, par Voyez l'aîné, 1774.

355 — La Promenade du matin, par Lingée, 1774.

356 — Le Boudoir, par P. Maleuvre, 1774.

357 — Les Confidences, par C. L. Lingée, 1774.

358 — La Promenade du soir, par Ingouf le jeune, 1774.

FREUDEBERG (S.) d'après

359 — La Soirée d'hiver, par Ingouf le jeune, 1774.

360 — L'Evénement au bal, par Duclos et Ingouf.

361 — L'heureuse union, par Bosse.

Superbe et très-rare épreuve avant la réduction de la planche, pour être ajoutée au monument du costume physique et moral de Moreau, édition de Neuwied-sur-le-Rhin, toutes marges.

362 — La Surprise, par Ingouf.

Belle épreuve, avec marge.

363 — Le Petit jour, par N. de Launay.

Très-belle épreuve, avec grandes marges.

364 — Le Soldat en semestre. — Le Négociant ambulant. Deux pièces faisant pendant, gravées par Ingouf, en 1777.

Superbes épreuves, avec toutes leurs marges.

GLUME

365 — La Leçon de musique. Jolie pièce gravée à l'eau-forte.

GRAVELOT (H.) d'après

366 — Fondation pour marier dix filles, gravé à l'eau-forte, par Moreau le jeune et terminé par Huquier.

Très-belle épreuve, avec marge.

GREUZE (J.-B.)

367 — L'Accordée de village, par J.-J. Flipart.

Très-belle épreuve, avec grandes marges, portant au verso les signatures de Greuze et de Flipart.

368 — La Blanchisseuse, par Danzel.

Belle épreuve.

369 — La Bonne éducation. — La Paix du ménage. Deux pièces faisant pendant, gravées à l'eau-forte par Moreau le jeune, et terminées au burin par Ingouf.

Belles épreuves.

GREUZE (J.-B.)

370 — La Cruche cassée, par Massard.

Superbe épreuve, très-grande marge.

371 — L'Écureuse, par Beauvarlet.

Très-belle épreuve avant toutes lettres.

372 — L'Éducation d'un jeune Savoyard, par J. Aliamet.

Belle épreuve, avec marge.

373 — L'Enfant gâté, gravé par Malœuvre sous la direction de Le Bas.

Superbe épreuve avant la lettre, grandes marges.

374 — Étude du tableau de la dame de charité, faite d'après M. Greuze, gravé par Massard en 1772.

Très-belle épreuve.

375 — La fille confuse, par Ingouf.

Très-belle épreuve avant toutes lettres, seulement les noms d'artistes à la pointe, marge.

376 — La Laitière, par J. C. Le Vasseur.

Superbe épreuve, avec marge.

377 — Le Ménage Ambulant. — Le Geste Napolitain. Deux pièces gravées par Binet et P. E. Moitte.

Belles épreuves.

378 — La Mère bien-aimée, par Massard.

Très-belle épreuve, portant au verso les signatures de Greuze et de Massard.

379 — La Mère en courroux. — Le Repentir. Deux pièces faisant pendant, gravées par Moitte.

Belles épreuves, une a toute sa marge.

380 — L'Offrande à l'amour, par C. F. Macret.

Belle épreuve.

381 — L'Oiseau mort, par Flipart.

Superbe épreuve avant toutes lettres, non terminée. Le cartouche est blanc et les armes qui se voient au milieu ne sont indiquées qu'au trait, signée au verso : Greuze et Flipart, marge. Très-rare.

GREUZE (J.-B.)

382 — L'Oiseau mort. — Le Tendre désir. Deux pièces gravées par Flipart et C...

Belles épreuves.

383 — La Paresseuse, par P. E. Moitte.

Superbe épreuve avant la lettre, avec marge.

384 — La Pelotonneuse, par J. J. Flipart.

Belle épreuve.

385 — Le petit Boudeur, par Guttenberg.

Très-belle épreuve, avec marge.

386 — Le petit Polisson, par C. Le Vasseur.

Belle épreuve.

387 — Le petit Napolitain, par F. H. Ingouf.

Belle épreuve, marge.

388 — La petite Fille tenant un chien, par Porporati.

Belle épreuve, avec marge.

389 — La petite Fille au Capucin. — La petite Fille au chien. Deux pièces gravées par Ingouf.

Belles épreuves.

390 — La Philosophie endormie. (Portrait de Mme Greuze), par Aliamet.

Superbe épreuve, très-grande marge.

391 — Le Ramoneur, par Voyez.

Belle épreuve, avec marge.

392 — Le Préjugé de l'enfance, par F. Charpentier, gravé dans le goût du lavis.

Très-rare épreuve, avant toutes lettres.

393 — Retour sur soi-même, par L. Binet.

Très-belle épreuve.

394 — Le Silence, par Cars et Jardinier.

Très-belle épreuve avant toutes lettres.

395 — La même estampe.

Belle épreuve.

GREUZE (J.-B.)

396 — Etudes de têtes. — Costumes d'Italiennes, sujets divers. Seize pièces gravées par Ingouf et Moitte.

HILAIR (d'après)

397 — L'Esclave heureux, par Mathieu.

Très-belle épreuve avant toutes lettres et avant la draperie.

HOPPNER (J.) d'après

398 — Lady Longham, gravé par C. Wilkin.

Superbe épreuve avant la lettre, grandes marges.

399 — La même estampe.

Très-belle épreuve du même état.

400 — Lady Andower, par C. Wilkin.

Superbe épreuve avant la lettre, grandes marges.

401 — The Right Honorable Charlotte, Vicomtesse de Saint-Asaph, par Wilkin.

Très-belle épreuve, avec marge.

402 — The Right Honorable Lady Charlotte Duncombe, par Wilkin.

Très-belle épreuve, avec marge.

403 — Lady C. Howard, par C. Wilkin.

Superbe épreuve avant la lettre, grandes marges.

404 — Lady G. Villiers, par C. Wilkin.

Superbe épreuve avant la lettre, grandes marges.

405 — Sophia Western, par J. R. Smith.

Belle épreuve.

406 — Comtesse d'Oxford, par S. W. Reynolds.

Belle épreuve.

407 — Jeune femme à mi-corps, coiffée d'un grand chapeau, gravé par J. Baldrey.

Très-belle épreuve avant la lettre.

HUET (J.-B.) d'après

408 — L'Amant pressant, par A. Legrand.— La belle Toilette, d'après Challe. Deux pièces imprimées en couleur.

Belles épreuves.

409 — Les Compliments du jour de l'an, par Bonnet. En couleur.

Belle épreuve.

410 — Jeune femme lisant une lettre (portrait de Mme Huet), gravé aux trois crayons, par Demarteau.

Belle épreuve.

411 — Nymphes au Bain. Jolie pièce de forme ovale, gravée en couleur par Demarteau.

Très-belle épreuve, avec marge.

JANINET (F.)

412 — La Toilette de Vénus, d'après Boucher.

Superbe épreuve. Rare.

JEAURAT (Ét.)

413 — Les Sens. Suite de cinq estampes d'après S. Le Clerc fils.

Belles épreuves.

JEAURAT (Ét.) d'après

414 — L'Accouchée. — La Relevée. Deux pièces faisant pendant, gravées par Lépicié en 1744.

Superbes épreuves, avec grandes marges.

415 — L'Exemple des mères, par Lucas.

Très-belle épreuve, avec marges.

416 — Le Fiacre, par Pasquier.

Très-belle épreuve, avec marges.

417 — La Jeunesse. — La Vieillesse. Deux pièces faisant pendant, gravées par Balechou en 1745.

Très-belles épreuves, avec grandes marges.

418 — L'Opérateur Barri. — Le Mari Jaloux. Deux pièces faisant pendant, gravées par Balechou en 1743.

Très-belles épreuves, avec marges.

JEAURAT (Ét.)

419 — La Servante congédiée. — La Coiffeuse. — Le Repos de Diane. Trois pièces gravées par Balechou, Sornique et Charpentier.

KAUFFMAN (Ang.) d'après

420 — Her Grace the Duchesse de Devonshire and Viscounstess Duncannon, gravé par W. Dickinson. En couleur.

Superbe épreuve avant la lettre (lettres tracées), toutes marges.

421 — Lady Rushout et Daughter, gravé par J. Burke. En couleur.

Superbe épreuve, toutes marges.

422 — Lady Rushout et Daughter. — Sylvie découverte par Daphné, etc. Deux pièces gravées par Burke et Bartolozzi. En bistre.

LAMBERT (F.) d'après

423 — Le Larcin toléré, par J. C. Le Vasseur.

Belle épreuve, avec marge.

LAMOUR (J.)

424 — Recueil des ouvrages en serrurerie que Stanislas le Bienfaisant, roi de Pologne, duc de Lorraine et de Bar, a fait poser sur la place royale de Nancy... Composé et exécuté par J. Damour, son serrurier ordinaire. A Nancy chez l'auteur. 1 vol. in-fol. cartonné.

Bel exemplaire.

LANCRET (N.) d'après

425 — Les Agréments de la Campagne, par Joullain (E. B. 3).

Très-belle épreuve.

426 — Les Saisons, suite de quatre estampes en largeur, gravées par de Larmessin (12, 30, 39 et 63).

Belles épreuves, du 1er état.

LANCRET (N.) d'après

427 — Les Saisons. Suite de quatre estampes en hauteur, par Le Bas, Audran, Tardieu et Scotin (E. B. 13, 31, 40 et 64).

Très-belles épreuves.

428 — La Belle Grecque, par G. F. Schmidt (15).

Très-belle épreuve, avec marge.

429 — Le Berger indécis, par J. Tardieu (16).

Très-belle épreuve, avec marge.

430 — Les Charmes de la conversation, par Petit (18).

Belle épreuve.

431 — Conversation galante, par Le Bas (20).

Très-belle épreuve.

432 — *Dans cette aimable solitude*..., par C. N. Cochin (24).

Très-belle épreuve.

433 — Les Deux amis, par de Larmessin (E. B. 25).

Très-rare épreuve avant toutes lettres, à l'état d'eau-forte, grandes marges.

434 — *D'un baiser que Tirsis*... — *Que le cœur d'un amant est sujet à changer*... (26 et 66). Deux pièces faisant pendant, gravées par S. Silvestre.

Très-belles épreuves.

435 — Le Faucon, par de Larmessin.

Belle épreuve avant l'adresse de Buldet.

436 — Les Gentilles Baigneuses, par Moitte (36).

Belle épreuve.

437 — Le Glorieux. — Le Philosophe marié. Deux pièc gravées par C. et N. Dupuis (37 et 61).

Très-belles épreuves, la première du 2me état, avec les lettres N D a au bas de la droite, la seconde du 1er état avec le mot Cocur au lie de cœur à la fin ou dernier vers.

438 — Le Glorieux, par N. Dupuis.

Belle épreuve, avec marge.

439 — Grandval, par Joseph Le Bas (38).

Très-belle épreuve.

LANGRET (N.) d'après

440 — Le Jeu du Colin-Maillard, par C.-N. Cochin (42).

Très-belle et rare épreuve du 2me état, avec l'adresse de Cochin et celle de Le Bas. M. E. Bocher indique cet état sans l'avoir vu.

441 — La Jeunesse, par de Larmessin (45).

Très-belle épreuve.

442 — La Joye du Théâtre par Crepy fils (46).

Très-belle épreuve, du 1er état, avec marge.

443 — Le Matin. — Le Midi. Deux pièces par de Larmessin (49-50).

Belles épreuves du 1er état, une a de la marge.

444 — Partie de plaisir, par P.-E. Moitte (E. B. 37).

Belle épreuve.

445 — Récréation champêtre, par Joullain (68).

Très-belle épreuve.

446 — *Trop indolent Tircis*, par S. Silvestre (82).

Belle épreuve.

447 — Le Jeu du Pied-de-Bœuf. — L'Adolescence. — L'Enfance. Trois pièces, copies allemandes, sans marge.

LANG (B.) d'après

448 — L'Amant dangereux. — La Bergère couronnée Deux pièces faisant pendant, gravées par Demonchy.

Belles épreuves, avec marges.

LAVREINCE (N.) d'après

449 — Le Billet doux, par N. de Launay (E, B. 10).

Superbe et très-rare épreuve avant la lettre, avec les armes, grandes marges.

450 — La Consolation de l'absence, par N. de Launay.

Très-belle épreuve.

451 — Le Contre-Temps, par F. Dequevauviller (E. B. 15).

Très-belle et rare épreuve avec la première adresse, celle de Dequevauviller.

LAVREINCE (N.) d'après

452 — Le Lever des Ouvrières en modes, par F. Dequevauviller.

Belle épreuve.

453 — Le Repentir tardif, par Le Vilain (E. B. 52).

Très-belle épreuve, avec marges.

454 — La Soubrette confidente, par G. Vidal (E. B. 61),

Très-belle épreuve, toutes marges.

LE BARBIER (d'après)

455 — Vignette pour les *Métamorphoses d'Ovide*, par Hulk.

Épreuve à l'état d'eau-forte, plus une épreuve terminée avant la lettre.

LE BEAU

456 — La Sollicitation amoureuse.

Très-belle épreuve, avec grandes marges. Rare.

LE CLERC (d'après)

457 — Le Falseur d'oreilles et le Raccommodeur de moules, par de Larmessin.

Superbe épreuve avec l'adresse de Larmessin, grandes marges.

LE MOYNE (Fr.) d'après

458 — Hercule et Omphale. — Adam et Eve. — Iris au bain. — Andromède attachée à un rocher. Quatre pièces gravées par L. Cars.

459 — Ubalde et le Chevalier Danois vont chercher Renaud dans le palais d'Armide, par N. Silvestre.

Rare épreuve à l'état d'eau-forte, plus une épreuve terminée, avec la lettre.

LE PEINTRE (d'après)

460 — Le Danger de la bascule, par de Monchy.

Belle épreuve, grandes marges.

LE PRINCE (J.-B.) d'après

461 — L'Amour à l'Espagnole, par Saint-Aubin et N. Pruneau.

Superbe épreuve avant la dédicace, grandes marges.

462 — La Crainte, par N. Le Mire.

Très-belle épreuve avant la dédicace.

463 — Le Médecin clairvoyant. — Le Marchand de lunettes. Deux pièces faisant pendant, gravées par Helman.

Belles épreuves.

464 — La Précaution inutile, par Helman.

Très-belle épreuve avant la dédicace.

LOUTHERBOURG (d'après)

465 — Berger gardant son troupeau, par P. Laurent.

Très-rare épreuve avant toutes lettres, à l'état d'eau-forte.

466 — Tom Jones, composition de forme ronde, gravée par Woollett et Bartolozzi. Trois épreuves, avant toutes lettres, à l'eau-forte, avant la lettre terminée et avec la lettre.

Belles épreuves.

MARILLIER (d'après)

467 — Les Désirs réciproques, par Mme Chevery.

Belle épreuve.

METAY (P.) d'après)

468 — Diane au bain, par P. Viel.

Très-belle épreuve, avec grandes marges.

MOITTE (P.-E.) d'après

469 — Le Jaloux endormi, par Vidal.

Très-rare épreuve avant toutes lettres, à l'état d'eau-forte, grandes marges.

MONDON le fils (d'après)

470 — L'Heure du Matin. — L'Heure du Midi. — Le Temps de l'Après-dinée. Trois pièces gravées par Aveline.

Belles épreuves. Rares.

MONNET (C.) d'après

471 — Jupiter et Antiope, par Vidal.

Très-belle épreuve avant la lettre et avant la draperie.

472 — Le Roi d'Éthiopie abusant de son pouvoir, par Vidal.

Très-belle épreuve avant toutes lettres et avant la draperie.

MOREAU (J.-M.)

473 — David et Bethzabée, d'après Rembrandt.

Belle épreuve.

MOREAU (J.-M.) d'après

474 — Monument du Costume physique et moral de la fin du dix-huitième siècle, ou Tableaux de la Vie, ornés de figures dessinées et gravées par M. Moreau le jeune. A Neuwied-sur-le-Rhin, 1789. 1 vol. in-fol. broché.

Exemplaire bien complet en parfaite conservation. Les épreuves sont superbes.

475 — L'Accord parfait, par Helman.

Très-belle épreuve, avec les lettres A. P. D. R.

476 — C'est un fils, Monsieur, par C. Baquoy.

Très-belle épreuve, avec les lettres A. P. D. R.

477 — La Course de Chevaux, par Guttenberg.

Superbe épreuve, avec les lettres A. P. D. R., toutes marges.

478 — Le Pari gagné, par Camligue.

Superbe épreuve, avec les lettres A. P. R. D., toutes marges.

479 — Le Seigneur chez son Fermier, par J.-C. Delignon.

Superbe épreuve, avec les lettres A. P. D. R., toutes marges.

480 — Le Lever, par Halbou.

Belle épreuve, avec marge.

481 — Oui ou Non, par N. Thomas.

Belle épreuve, avec marge.

482 — Le Pari gagné, par Camligue.

Belle épreuve, avec marge.

483 — La Partie de Wisch, par J. Dambrun.

Belle épreuve, avec marge.

MOREAU (J.-M.), d'après

484 — La Petite loge, par Patas.
Belle épreuve, avec marge.

485 — Les Petits parrains, par C. Baquoy.
Belle épreuve, avec marge.

486 — Le Seigneur chez son fermier, par J. L. Delignon.
Belle épreuve, avec marge.

487 — La Sortie de l'Opéra, par Malbeste.
Belle épreuve, avec marge.

488 — Le Souper fin, par Helman.
Belle épreuve, avec marge.

489 — La Grande toilette, par Romanet.
Belle épreuve, avec marge.

490 — La Petite toilette, par Martini.
Belle épreuve, avec marge.

491 — Le Vrai bonheur, par Simonet.
Belle épreuve, avec marge.

492 — Suite de trente-huit gravures in-4, d'après Moreau. Le Barbier et Monsieur, pour illustrer les œuvres de J. J. Rousseau. Edition in-4 de 1774. Manque une pièce pour que la suite soit complète.
Très-belles épreuves.

493 — Douze pièces doubles de la suite précédente.
Belles épreuves.

MORLAND (G.) d'après

494 — Garçons se baignant, par E. Scott.
Très-belle épreuve avant la lettre, lettres tracées, marges.

NATTIER (J.-M.) d'après

495 — La Nuit passe, l'Aurore paraît (Mme de Mailly), par Maleuvre.
Très-belle épreuve, grandes marges.

NATTIER (J.-M.) d'après

496 — La Comédie, par E. Fessard.

Très-belle épreuve. Rare.

497 — Le chaste Joseph, par Beauvarlet.

Bonne épreuve.

OUDRY (J.-B.) d'après

498 — La Chasse au sanglier. — La Chasse au loup. Deux pièces gravées par Huquier.

Très-belles épreuves.

OUDRY et **DESPORTES**

499 — Chasse au cerf. — Chasse au sanglier. La Chienne braque avec toute sa famille. Trois pièces gravées par Daullé, Joullain et Silvestre.

PATER (J.-B.) d'après

500 — Les Aveux indiscrets, par Filloeul.

Très-belle épreuve avant le nom du graveur, grandes marges.

501 — La Courtisane amoureuse, par Filloeul.

Très-belle épreuve, avec l'adresse de Filloeul.

502 — Le Baiser rendu, par Filloeul.

Très-belle épreuve, avec l'adresse de Larmessin, avec marges, plus le même sujet, avec le titre en français et latin. Deux pièces.

503 — Le Désir de plaire, par L. Surugue.

Très-belle épreuve, avec marge.

504 — Marche comique, par Ravenet.

Belle épreuve.

505 — Vivandières de Brest, par Le Bas.

Belle épreuve.

PAYE (R.-M.) d'après

506 — Education, gravé à la manière noire, par Green.

Belle épreuve, lettres grises.

PETERS (d'après)

507 — La Jardinière en repos. — Le Vigneron galant. Deux pièces faisant pendant, gravées par C. Le Vasseur.

Très-belles épreuves avant la dédicace, avec grandes marges.

PORPORATI

508 — Le Coucher, d'après Vanloo.

Belle épreuve, avec grandes marges.

PRUD'HON (P.-P.) d'après

509 — Le Cruel rit des pleurs qu'il fait verser. — L'Amour réduit à la raison. Deux pièces gravées par Copia.

Belles épreuves.

510 — Portrait du roi de Rome, gravé par Roger.

Très-belle épreuve. Rare.

QUEVERDO (J.-M.) d'après

511 — Nouvelle du bien-aimé, par Romanet.

Très-belle épreuve avant la dédicace.

512 — Le Sommeil interrompu, par Dambrun.

Très-belle épreuve.

REGNAULT (N.-F.)

513 — Dors, Dors. — La Nuit. — Jupiter sous la forme de Diane, séduit Calisto. Trois pièces.

SAINT-AUBIN (G. DE) d'après

514 — La Guinguette, par F. Basan.

Belle épreuve.

SAINT-AUBIN (A. DE) d'après

515 — Le Bal paré. — Le Concert. Deux pièces faisant pendant, gravées par A. J. Duclos.

Très-belles épreuves, avec l'adresse de Chereau.

515 — Tableau des portraits à la mode. Copie de même grandeur que l'estampe originale.

Très-belle épreuve.

SAINT-AUBIN (A. DE) d'après

517 — Adrienne Sophie, marquise de***. In-fol.
Très-belle épreuve.

SANTERRE (d'après)

518 — La Beauté dangereuse, par Chevillet.
Belle épreuve.

519 — Suzanne au bain, par Porporati.
Belle épreuve.

SCHENAU (d'après)

520 — La Famille effrayée, composition de dix figures, *par de La Live.*
Très-rare épreuve à l'état d'eau-forte, imprimée au recto et au verso.

521 — Le Maître de guitare, par Cl. Duflos.
Belle épreuve.

SICARDI (d'après)

522 — Oh! che Boccone! — Oh! che Gusto! Deux pièces gravées par Copia.
Belles épreuves, avec marges, une est avant la lettre.

TOUZÉ (J.-L.) d'après

523 — Les Amusements dangereux, par Voyez le jeune.
Très-belle épreuve, avec toute sa marge.

TRINQUESSE (L.) d'après

524 — L'Irrésolution ou la confidence, par F. A. Pierron.
Très-belle épreuve, avec grandes marges.

TROOST (C.) d'après

525 — Son œuvre en 21 pièces, gravées par Houbraken, Punt, etc.
Belles épreuves. Deux pièces sont doubles avant la lettre.

DE TROY (J.-B.-F.) d'après

526 — Jupiter en pluie d'or. — Salmacis et Hermaphrodite. — Diane changeant Actéon en cerf, etc. Six pièces gravées par Fessard, Daullé et Le Vasseur.

527 — Jeune femme prenant son chocolat, par J. Chereau.
Très-belle épreuve.

528 — L'Ornement de l'esprit et du corps, par L. Surugue.
Très-belle épreuve.

529 — Toilette pour le bal. — Retour du bal. Deux pièces faisant pendant, gravées par Beauvarlet.
Très-belles épreuves, avec les mots : Tiré du cabinet de M. Prousteau, etc., lesquels furent effacés dans l'état suivant, grandes marges.

VANLOO (Ch.-A.) d'après

530 — La Comédie, par Salvador Carmona.
Superbe épreuve avant toutes lettres, grandes marges.

531 — La Confidence, par J. Beauvarlet.
Très-belle épreuve, avec marge.

532 — Conversation espagnole, par J. Beauvarlet.
Très-belle épreuve.

533 — La Lecture espagnole, par Beauvarlet.
Très-belle épreuve, avant toutes lettres.

534 — Madame Favart, dans le rôle de Bastienne, par J. Daullé.
Belle épreuve.

VERNET (J.) d'après

535 — Vue du port de Rouen, gravé à l'eau-forte par Malapeau et terminé par Choffard.
Très-rare épreuve, à l'état d'eau-forte.

536 — Le Port du Havre, gravé par Cochin et Martini.
Très-rare épreuve, à l'état d'eau-forte.

VERNET (J.) d'après

537 — Le Port d'Antibes en Provence, vu du côté de la terre.

— Le Port vieux de Toulon, vu du côté des magasins aux vivres.

— Le Port neuf, ou l'arsenal de Toulon, vu de l'angle du parc d'artillerie.

— Vue de la ville et du port de Bayonne, prise à mi-côte, sur le glacis de la citadelle.

— La Madrague ou la pêche du thon, vue du golfe de Bandol.

— Vue de la ville et du port de Bayonne, prise de l'allée de Boufflers, près la porte de Mousserole.

— Le Port de Rochefort, vu du magasin des Colonies.

(Sept pièces faisant partie de la collection des ports de France de Vernet, gravés par C.-N. Cochin et Ph. Le Bas).

Très-rares épreuves avant toutes lettres, à l'état d'eaux-fortes.

538 — — Les Ports de France, suite de quatorze estampes gravées par C.-N. Cochin et Le Bas.

Bonnes épreuves.

VIGNETTES

539 — Suite de trente-quatre vignettes d'après Gravelot, pour les œuvres de Corneille. Edition de 1774.

Très-belles épreuves, avec grandes marges.

540 — Vignettes, d'après Gravelot, pour les contes de Boccace. Cinq pièces à l'état d'eaux-fortes. Rares.

541 — Suite de six vignettes in-8, d'après Marillier, pour les Mélanges de poésies fugitives et de prose sans conséquence, par la comtesse de B.

Très-belles épreuves avant la lettre, avec marges.

542 — Suite de vingt-neuf fleurons, par B. Picart, pour une édition des œuvres de Fontenelle, 1728-1729.

Très-belles épreuves avant le texte au verso.

VIGNETTES

543 — Fleurons, par Choffard, pour l'histoire de la maison de Bourbon. Douze pièces.

Très-belles épreuves avant le texte au verso.

544 — Dix pièces d'après Moreau, Marillier, Queverdo et Eisen, pour différents ouvrages; plusieurs sont à l'eau-forte et avant la lettre.

545 — Gravures in-4, en couleur, pour l'histoire de France, d'après Sergent, gravées par Janinet et de Machy. Six pièces.

Belles épreuves, avec marges.

546 — Vignettes, d'après Eisen, Boucher, Cochin, Marillier, Binet, Borel et autres, pour différents ouvrages du XVIIIe siècle. 106 pièces. Beaucoup sont avant la lettre.

WATTEAU (Ant.) d'après

547 — Antoine Watteau, gravé à l'eau-forte par Boucher.

Très-belle épreuve, avec marge.

548 — L'Accordée de village, par N. de Larmessin.

Belle épreuve.

549 — Les agréments de l'été, par Joulin.

Très-belle épreuve, avec marge.

550 — Les Agremens de l'Esté. — Retour de guinguette. — Escorte d'équipages, etc. Quatre pièces gravées par Cars, Crepy, Chedel et de Favanes.

551 — L'Alliance de la musique et de la comédie, par J. Moyreau.

Belle épreuve, sans marge.

552 — Halte, par J. Moyreau.

Très-belle épreuve.

553 — L'Amant repoussé, composition de huit figures par P. Mercier.

Très-belle épreuve. Rare.

WATTEAU (Ant.) d'après

554 — L'Amante inquiète. — La Rêveuse. Deux pièces faisant pendant, gravées par Aveline.

Belles épreuves.

555 — L'Amour désarmé, par B. Audran.

Très-belle épreuve.

556 — L'Amour paisible, par Baron.

Superbe épreuve, avec marges.

557 — L'Amour au Théâtre Italien, par C.-N. Cochin.

Très-belle épreuve, avec marge.

558 — Amusements champêtres par B. Audran.

Superbe épreuve, avec grandes marges.

559 — Antoine de la Roque, par Lépicié.

Très-rare épreuve avant toutes lettre, à l'état d'eau-forte, la marge du bas couverte d'essais de burin. Belles marges.

560 — La même estampe.

Très-belle épreuve, avec grandes marges.

561 — *Arlequin, Pierrot et Scapin*, par L. Surugue.

Très-belle épreuve, avec marge.

562 — L'Assemblée galante, par P. Lebas.

Très-rare épreuve avant toutes lettres, à l'état d'eau-forte.

563 — La même estampe.

Superbe épreuve, avec marge.

564 — La même estampe.

Très-belle épreuve sans marge.

565 — *Au faible Efort que fait Iris pour se défendre*, par C.-N. Cochin.

Belle épreuve, avec grandes marges.

566 — L'aventurière, par B. Audran.

Superbe épreuve avant le privilège, grandes marges.

567 — La même estampe.

Très-belle épreuve avec le privilège, grandes marges.

WATTEAU (Ant.) d'après

568 — Le Bal champestre, par

Très-belle épreuve avant le nom du graveur, manque de conservation.

569 — Bon voyage, fragment de l'embarquement pour Cythère, par B. Audran.

Très-belle épreuve.

570 — Le Bosquet de Bacchus, par C. N. Cochin.

Très-belle épreuve.

571 — La Cascade, par G. Scotin.

Belle épreuve.

572 — Les Champs-Elisées, par N. Tardieu.

Très-belle épreuve, marge.

573 — Les Charmes de la vie, par P. Aveline.

Très-belle épreuve.

574 — Chasse aux oiseaux, par C.

Très-rare épreuve avant la lettre, à l'état d'eau-forte.

575 — Acis et Galatée. — Chasse aux oiseaux. Deux pièces faisant pendant, gravées par G.

Belles épreuves.

576 — La Chute d'eau, par J. Moyreau.

Très-belle épreuve.

577 — La Collation, par J. Moyreau.

Très-belle épreuve, avec marges.

478 — La même estampe.

Belle épreuve.

579 — Comédiens italiens, par Baron.

Très-rare épreuve avant toutes lettres et avant beaucoup de travail.

580 — Le Concert champêtre, par B. Audran.

Belle épreuve.

581 — La Contredanse, par Brion.

Très-belle épreuve.

WATTEAU (Ant.) d'après

582 — La Conversation, par M. Liotard.
Très-belle épreuve.

583 — La même estampe.
Belle épreuve.

584 — La Danse paysanne, par B. Audran.
Très-belle épreuve.

585 — *Dans ce beau jardin*, gravé à l'eau-forte, par Dupin.
Belle épreuve.

586 — Défilé, par Moyreau.
Très-belle épreuve.

587 — Départ de Garnison, par Ravenet.
Belle épreuve.

588 — Diane au bain, par P. Aveline.
Belle épreuve.

589 — La Diseuse d'aventure, par Cars.
Très-belle épreuve, avec une grande marge.

590 — Entretiens amoureux, par Liotard.
Très-belle épreuve.

591 — Les Entretiens badins. — Le Rendez-vous. — *Coquettes qui pour voir galans au rendez-vous.* — *Sous un habit de Mezetin.* Quatre pièces gravées par Audran et Thomassin.

592 — L'Eté, par Moireau.
Très-belle épreuve, grandes marges.

593 — La Famille, par P. Aveline.
Très-belle épreuve, avec marge.

594 — Les Fatigues de la guerre. — Les Délassements de la guerre. Deux pièces par G. Scotin.
Très-belles épreuves.

595 — Fêtes au Dieu Pan, par M. Aubert.
Très-rare épreuve avant toutes lettres, à l'état d'eau-forte. Belle conconservation.

WATTEAU (Ant.) d'après

596 — La même estampe.
Très-belle épreuve.

597 — La Fileuse, par B. Audran.
Belle épreuve.

598 — La Finette, par B. Audran.
Très-belle épreuve.

599 — La Game d'amour, par J. P. Le Bas.
Superbe épreuve, avec marge.

600 — Arlequin jaloux, par Chedel.
Belle épreuve.

601 — L'Ile enchantée, par J. P. Le Bas.
Très-belle épreuve.

602 — The Island of Cytherea, par V. M. Picot.
Belle épreuve.

603 — L'Indiscret, par Aubert.
Très-belle épreuve.

604 — Les Jaloux, par G. Scotin.
Très-belle épreuve.

605 — Leçon d'amour, par C. Dupuis.
Très-belle et rare épreuve avant toutes lettres, avant beaucoup de travaux.

606 — La même estampe.
Très-belle épreuve.

607 — La même composition, gravée en plus grand, par P. Mercier.
Superbe épreuve. Très-rare.

608 — Le Lorgneur, par G. Scotin.
Très-belle épreuve, avec marge.

609 — La Lorgneuse, par G. Scotin.
Belle épreuve.

WATTEAU (Ant.) d'après

610 — Le Marais, par L. Jacob.
Très-belle épreuve, avec marge.

611 — La Mariée du Village, par C. N. Cochin.
Très-rare épreuve à l'état d'eau-forte, avant toutes lettres.

612 — Mezetin. — Le Docteur. Deux pièces gravées par B. Audran.
Belles épreuves, avec marges.

613 — La Musette, par Moyreau.
Belle épreuve.

614 — L'Occupation selon l'Age, par Dupuis.
Très-belle épreuve du 1er état, avec le privilége du Roy, marge.

615 — La même estampe.
Très-belle épreuve avec le privilége effacé et remplacé par l'adresse de la veuve Chereau, marge.

616 — La Partie quarrée, par J. Moyreau.
Très-belle épreuve.

617 — Le Passe-temps, par B. Audran.
Très-belle éprenve, avec marge.

618 — La Perspective, par Crespy.
Superbe épreuve, marge.

619 — Pierrot content, par E. Jeaurat.
Très-belle épreuve.

620 — Les Plaisirs du bal, par Scotin.
Très-belle épreuve.

621 — Les Plaisirs pastoral, par N. Tardieu.
Très-rare épreuve avant toutes lettres, à l'état d'eau-forte, marge.

622 — La même estampe.
Très-belle épreuve, avec marges.

WATTEAU (ANT.) d'après

623 — *Pour nous prouver que cette belle*, par L. Surugue.
Très-belle épreuve, avec marge.

624 — Rendez-vous de Chasse, par Aubert.
Très-belle épreuve.

625 — Le Repas de Campagne, par Deplace.
Belle épreuve.

626 — Retour de Campagne, par N. Cochin.
Belle épreuve, avec marges.

627 — Retour de Chasse (portrait de Mme de Verthamon, nièce de M. de Julienne), par B. Audran.
Très-belle épreuve.

628 — La Revanche des Paysans, par B. Baron. Pièce publiée en Angleterre.
Belle épreuve.

629 — La Rêveuse. — La Pollonaise. — La Villageoise. — L'Aventurière. Quatre pièces gravées par Aveline, Aubert et Crespy.

630 — Les Saisons. Suite de quatre estampes en hauteur, gravées par J. Audran, M. J. Renard du Bos, Desplaces et Faissart.
Très-belles épreuves, avec marges.

631 — Le Sommeil dangereux, par M. Liotard.
Belle épreuve.

632 — Le Triomphe de Cérès, par Crespy.
Très-belle épreuve.

633 — La Troupe Italienne, par Watteau, terminée au burin par Simonneau.
Belle épreuve, avec l'adresse de Sirois.

634 — Le même sujet, gravé à l'eau-forte par Boucher.
Belle épreuve.

WATTEAU (Ant.) d'après

635 — La Troupe Italienne en vacances. Composition de quinze personnages occupés à regarder à droite ; un chien qui effraye deux canards, par P. Mercier.

Très-belle épreuve. Rare.

636 — Watteau et M. de Julienne représentés au milieu d'un paysage, par Tardieu.

Très-belle épreuve, avec marges.

667 — Le Berger content. — Le Marchand d'Orviétans. — La favorite de Flore. — Le Jardinier fidèle. — Les Saisons. — Paravent de six feuilles dont nous n'avons que cinq, etc. Onze pièces gravées par Moyreau, Huquier, Crepy, etc.

638 — La Cause badine. — Les enfants de Momus. Deux pièces arabesques en largeur, gravées par J. Moyreau.

Belles épreuves.

639 — Le Dénicheur de Moineaux. — L'Amusement. Deux pièces arabesques, gravées par Boucher et Huquier.

640 — L'Escarpolette. — Colombine et Arlequin. — La Voltigeuse. Trois pièces arabesques, gravées par Huquier, Surugue et Crespy.

641 — L'Hiver. — L'Eté. Deux panneaux arabesques en hauteur, gravés par F. Boucher.

Belles épreuves.

642 — Le May. — Partie de Chasse. — La Balanceuse. — Feste Bacchique. Suite de quatre grandes arabesques en hauteur, manquent de conservation.

643 — Figures de différents caractères, de paysages et d'études, dessinées d'après nature par Antoine Watteau, et gravées à l'eau-forte par Boucher et les plus habiles peintres et graveurs du temps. Deux cent huit pièces.

WILLE fils (d'après P.-A.)

644 — Les Conseils maternels, par Lempereur.

Très-rare épreuve avant toutes lettres, à l'état d'eau-forte, marges.

645 — Les Conseils maternels. — La Mère indulgente. Deux pièces faisant pendant, gravés par L. Lempereur.

Très-belles épreuves, grandes marges.

WILLIAMS (E.)

646 — The Lovely Brunette, d'après W. Ward. En couleur.

Très-belle épreuve, avec marge.

Mme Marcou 100 rue de Rennes

SUPPLÉMENT A LA VENTE D'ESTAMPES

Du 14 Mai 1879

1 — Recueil des plans, élévations, coupes... des châteaux, jardins et dépendances que le Roy de Pologne occupe en Lorraine... Le tout dirigé et dédié à Sa Majesté par M. Heré, son premier architecte. 2 vol. in-fol., cartonnés.

2 — Livre de vases, inventé par M. Stella, chevalier et peintre du Roy. 1 vol. in-fol., cartonné, contenant 18 planches.

3 — Afbeelding Van't Stadt huys van Amsterdam, in dartigh coopere Plaaten, geordineert door Jacob van Campen. 1 vol. in-fol., vélin. Figures.

Bel exemplaire.

4 — *Giardini* (Joan). Promptuarium artis argentariæ, ad cujus cumque generis vasa argentea ac aurea invenienda ac conficienda utile. Romæ, 1750. 1 vol. in-fol., contenant 100 planches. Veau.

5 — Costumes d'hommes et de femmes des divers états de Paris, par de Larmessin. 1 vol. in-fol., cartonné, contenant 43 gravures.

6 — L'Espagne artistique et monumentale, par Don Genaro Perez de Villa-Amil. Paris, Hauser, 1842-1850. 3 vol. in-fol., demi-reliure maroquin vert. Figures.

7 — Voyage en Syrie et dans l'Asie Mineure, par Cl. Pellé et Léon Galibert. 3 vol. in-4, cartonnés. Figures.

8 — The Christian in Palestine, by Henry Stebbing. The drawings recently taken on the spot, by W. H. Bartlett. 1 vol. in-4, cartonné.

9 — Exploration dans l'intérieur de l'Afrique australe, et voyages à travers le continent, par le R[d] D[r] David Livingstone. Paris, 1859. 1 vol. in-8, demi-rel., mar. vert.

10 — L'Histoire de France depuis les temps les plus reculés jusqu'en 1789, racontée à mes petits-enfants par M. Guizot, tome 5. Paris, 1876, 1 vol. in-4, demi-rel. mar. r.

11 — Illustrations chinoises. 1 vol. in-fol., cartonné.

12 — Scènes de théâtres et costumes antiques. 2 vol. cartonnés.

13 — Les Arabesques et les Stucs, d'après Raphaël, gravées par Volpato et Ottoviani. 25 pièces et la vue générale des Loges. En tout, 26 pièces.

Très-belles épreuves, avec grandes marges.

14 — Un Album renfermant 35 dessins anciens et modernes à la plume, aquarelle et mine de plomb.

15 — Sous ce numéro il sera vendu par lots deux portefeuilles d'estampes de toutes les écoles, photographies, etc.

Paris. — Typ. Pillet et Dumoulin, rue des Grands-Augustins, 5.

www.ingramcontent.com/pod-product-compliance
Ingram Content Group UK Ltd.
Pitfield, Milton Keynes, MK11 3LW, UK
UKHW020323220726
13923UKWH00003B/1336